LE MARÉCHAL

# R.-J.-I. EXELMANS.

EXTRAIT DE LA LORRAINE MILITAIRE,

GALÉRIE HISTORIQUE,

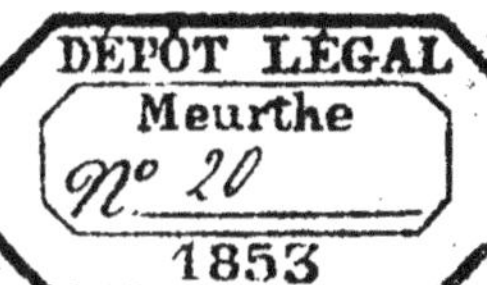


PAR M. JULES NOLLET-FABERT.

NANCY,

GRIMBLOT ET VEUVE RAYBOIS, IMPRIMEURS-LIBRAIRES,
Place Stanislas, 7, et rue Saint-Dizier, 125.

1853.

Nancy, imprimerie de veuve Raybois et comp.

LE MARÉCHAL

# R.-J.-I. EXELMANS.

## BAR-LE-DUC (MEUSE).

## 1775-1852.

Il est peu de villes de quinze mille âmes qui aient produit autant d'illustrations militaires que Bar-le-Duc. Les maréchaux Oudinot, Exelmans, les généraux Broussier, Oudinot, Lambel, Barrois, Paillot, Lanthonnet, etc., etc., ont vu le jour dans la capitale de la Meuse, dans les belles vallées de l'Ornain.

**Naissance d'Exelmans (1775).**

Remi-Joseph-Isidor Exelmans est né à Bar-le-Duc, le 13 novembre 1775. Il avait seize ans quand il entra au service; la révolution de 1789 venait d'éclater; la patrie était déclarée en danger ; il se forma alors dans toutes les parties de la France des bataillons de volontaires d'où surgirent, plus tard, les Masséna, les Oudinot, les Broussier et tant d'autres qui illustrèrent le nom français.

Parti comme volontaire au 3e bataillon de la Meuse, le 6 septembre 1791, il fut placé sous les ordres de son ami, Oudinot, élu à l'unanimité chef de ce bataillon, qui se rangea parmi les plus braves volontaires.

Le bataillon se rendit de Bar à Verdun pour y être définitivement organisé par le général qui commandait la subdivision militaire dont le département de la Meuse faisait partie. Quelques jours après, il fut passé en revue par le maréchal-de-camp Witgenstein et définitivement complété ; c'est de cette époque que datent ses services militaires.

La première garnison d'Exelmans fut Charleville, ensuite Rocroi, puis Metz. Le 3e bataillon de la Meuse se trouvait dans cette dernière ville, lorsque l'armée prussienne entra dans notre pays ; un détachement ennemi se présenta aux environs. Bientôt le bataillon fut envoyé à Thionville pour venger cette place de l'insulte qu'elle venait de recevoir ; et fournit plusieurs détachements aux environs et surtout à l'affaire d'Arlon.

Après avoir eu plusieurs combats vers Consarbruck, près de la Moselle, Exelmans fit partie de la division du général Ambert ; ce fut avec ce général que le bataillon de la Meuse attaqua la position retranchée de Kayserslautern ; Exelmans fut promu sous-lieutenant le 22 octobre 1793. De Kayserslautern, Exelmans attaqua et débloqua Landau et fut dirigé vers Vissembourg.

Le 19 juin 1798, il était lieutenant et s'illustrait dans tous les combats acharnés qui se livraient alors pour la défense du territoire. Le 22 octobre suivant, attaché à l'état-major du général en qualité d'aide-de-camp, il acquit une telle réputation de bravoure que déjà l'armée avait appris à connaître le *brave* Exelmans. Jusqu'alors il avait été officier d'infanterie; le 13 avril 1799, le jeune Meusien entra comme capitaine *provisoire* au 16e régiment de dragons.

Ce fut vers cette époque qu'il fut nommé aide-de-camp du général Broussier, et c'est en cette qualité qu'il assista à tous les combats qui précédèrent la conquête de Naples.

Le 3 octobre 1803, il fut nommé chef d'escadron, et le prince Murat, le meilleur général de cavalerie de l'Europe, selon Napoléon, voulut avoir Exelmans près de lui, en qualité d'aide-de-camp.

Le 25 septembre de l'année 1805, Murat passa le pont de Kehl. Les démonstrations de Murat, sur son front, avaient donné le change au général autrichien, et il s'apprêtait à défendre le terrain qui sépare le Danube du Rhin, lorsqu'il apprit l'arrivée de nouvelles colonnes françaises.

Les deux armées, par un mouvement simultané, se rangèrent parallèlement au fleuve; mais la droite des impériaux correspondait à la droite de leurs adversaires et le centre et la gauche restaient vides. C'est dans cet intervalle que notre armée devait passer; Napoléon fit battre la charge pour forcer le passage du Danube et jeter dix mille baïonnettes dans l'armée ennemie (6 octobre 1805); le lendemain, Exelmans enleva le pont de Rain. Le 8 octobre, la cavalerie de Murat se trouvait à la hauteur de Wertingen ; dans ce premier combat, Exelmans se montra le premier parmi les plus braves et fut cité à l'ordre du jour de l'armée; démonté après plusieurs charges très-remarquables, pendant lesquelles il avait eu trois chevaux tués sous lui, il dut à son sang-froid d'échapper à la mort qui le menaçait de tous côtés.

Murat le choisit pour aller porter à Napoléon les nombreux drapeaux pris sur l'ennemi, à la suite de cette brillante affaire. Napoléon le reçut avec une grande bienveillance et lui fit l'accueil le plus flatteur : *Je sais,* lui dit-il, *qu'on ne peut être plus brave que vous;* je vous fais officier de la Légion d'honneur!

Tant de bravoure, de beaux faits d'armes valurent à Exelmans le titre de colonel du 1^er^ régiment de chasseurs, grade qu'il obtint le 27 décembre 1805; il avait alors trente ans. Il avait dignement terminé cette mémorable année de 1805 par la part glorieuse qu'il avait prise aux combats de Enns et d'Amstetten. A la prise du pont de Vienne, le 16 décembre, au combat d'Hollabrünn, Exelmans donna encore de nouvelles preuves de son intrépidité, ainsi qu'à la mémorable journée d'Austerlitz. Il prit part à tous les combats qui signalèrent l'entrée de l'armée française en Pologne et se distingua à la tête de son régiment de chasseurs; il s'empara de la ville de Posen et assista à cette grande journée qui valut à Napoléon la plus belle gloire qu'un conquérant peut obtenir : le surnom de pacificateur.

**Général (1807).** Nommé, le 14 mai 1807, général de brigade, il resta attaché au prince Murat, en qualité d'aide-de-camp et le suivit en Espagne, comme attaché à son état-major.

Charles IV avait abdiqué en faveur de son fils, au moment où Murat et Exelmans venaient d'entrer en Espagne ; ils étaient à Aranda, lorsqu'ils apprirent les premiers troubles ; ils se dirigèrent aussitôt sur Madrid, afin de protéger l'autorité du roi Charles IV. Bientôt le roi et la reine se déterminèrent au voyage de Bayonne. Ils partirent d'Aranjuez, accompagnés du général Exelmans et arrivèrent à Bayonne le 30 avril. Pendant ce long voyage à travers un pays extrêmement agité, Exelmans garantit Charles IV et son épouse, par ses soins et son énergie, de toutes les tentatives de leurs nombreux ennemis et eut le bonheur de les faire constamment respecter.

Nous ne parlerons pas de l'insurrection du 2 mai, pendant laquelle Exelmans courut personnellement de grands dangers ; Murat, entouré de sa garde, occupait un palais et envoyait à chaque instant des chefs d'état-major et de sa garde, porter l'ordre aux troupes environnantes d'entrer dans la ville au pas de charge. Mais le massacre des Français continuait toujours ; deux fois un aide-de-camp de Murat, Lagrange, faillit être mis en pièces; deux fois aussi Exelmans faillit succomber sous la vengeance espagnole. Enfin, à midi, des troupes françaises arrivèrent en grand nombre, et le soir de ce même jour nous nous rendîmes maîtres de l'insurrection. Un mois après, le général Exelmans et les colonels Lagrange et Rosetti furent arrêtés par des insurgés espagnols, et quoiqu'il n'y eût pas alors de guerre déclarée, le général Exelmans fut retenu prisonnier pendant près de trois ans, à Vicence, malgré la capitulation signée à Andujar le 22 juillet 1808, qui mettait ces trois prisonniers sous la protection des chefs de l'armée d'Espagne, en Andalousie. Il fut transféré en Angleterre, et ce ne fut que vers la fin de 1811 qu'il put revenir en France.

Depuis trois ans, son ancien général, devenu roi de Naples, sous le nom de Joachim Napoléon, régnait en maître sur le royaume des Deux-Siciles ; Exelmans, peu de temps après sa rentrée en France, retourna auprès de Murat ; ce dernier l'accueillit avec distinction et le revêtit des plus hautes fonctions ; il fut nommé presque en même temps grand-écuyer, grand-maréchal du palais, etc. Bientôt Murat, mal conseillé, crut pouvoir se détacher de sa patrie, et se voua exclusivement aux intérêts ennemis ; dès lors Exelmans ne pouvait plus rester à Naples, il revint en France et mit son épée au service de sa patrie bien-aimée. Napoléon lui donna, le 24 décembre 1811, le titre de major des chasseurs à cheval de la garde impériale ; puis, six mois après (9 juillet 1812), le commandement des grenadiers à cheval.

Depuis longtemps Exelmans était réputé le plus remarquable des généraux, qu'il n'était encore que général de brigade. Napoléon en faisait le plus grand cas, et disait souvent : *Exelmans est de l'école de Murat!* On se rappelle que sur le rocher de Sainte-Hélène, l'Empereur aimait à répéter : « Il n'y avait pas, je crois, deux hommes dans le monde pareils à Murat pour la cavalerie, et à Drouot pour l'artillerie. »

Exelmans fit la mémorable et désastreuse campagne de Russie, à la tête de ses braves grenadiers, partout et à tous les instants, il fut sur le champ de bataille ; dans tous les combats qui précédèrent l'entrée de l'armée française à Moscou, Exelmans paraissait avec son infatigable cohorte. Rien ne put jamais l'abattre, et comme nous le verrons par la suite, il avait un de ces caractères que rien ne peut distraire de la route du vrai. Amant enthousiaste de sa patrie, il était heureux et fier de ses succès ; et, certes, parmi les beaux dévoûments de cette époque, celui du général meusien fut des plus remarquables. Disons-le avec orgueil : dans le cœur des Lorrains, il y a toujours une place pour le mot de loyauté, jamais la trahison n'a souillé le sol de notre vieille Lorraine ; eh ! ne voyons-nous pas Drouot, Oudinot, Gérard, Exelmans, Molitor, Brice et tant d'autres qui se signalèrent partout et se montrèrent surtout alors qu'il y avait tout à craindre. Par un décret impérial, en date du 8 septembre 1812, Napoléon a nommé Exelmans général de division. Intrépide, il va cueillir des lauriers pendant cette immortelle campagne ; hélas ! souvent aussi malheureux que brave, il reçoit plusieurs blessures, mais ses souffrances ne vaincront pas son courage ; il combattra jusqu'à la dernière heure..... il a juré de mourir ou de vaincre les ennemis acharnés de sa patrie. 1812 a clos sa dernière et funèbre page.... Exelmans, dont les glaces de la Russie sont loin d'avoir refroidi la bouillante ardeur, va se retrouver en Allemagne et se signaler en Saxe et en Silésie.

Le maréchal Macdonald reçoit le commandement du 11ᵉ corps, et le général Exelmans sert sous ses ordres ; il se montre partout digne de son valeureux chef, et le cordon de grand-officier de la Légion d'honneur lui est donné en récompense de ses brillants services (7 novembre 1813).

1814 arrive à grands pas, et le sol de la patrie est envahi ; Exelmans sera un des premiers à la défense du territoire, il est placé à la tête du second corps de cavalerie et va montrer une ardeur, une activité infatigables. Le maréchal Macdonald était arrivé le 31 janvier à Châlons avec son corps d'armée, il prit immédiatement ses mesures, plaça le général Molitor à Aulnai et à La Chaussée pour entretenir une communication avec Vitry, et la cavalerie Exelmans éclaira la rive droite de la Marne sur les routes de Vitry, Bar-le-Duc et Sainte-Ménehould. Le maréchal Macdonald fut favorisé dans ses dispositions par la vigoureuse résistance des garnisons de ces trois villes; mais les Français furent contraints de quitter Châlons (5 février). Le maréchal Macdonald ordonna au général Montmarie d'évacuer Vitry et de le rejoindre par la rive gauche de la Marne ; le même jour (5 février) de grand matin, le général Montmarie, après avoir fait sauter le pont prit la route de Vitry, où il fut noblement soutenu par la cavalerie du général Exelmans ; ce dernier fit des efforts surhumains, mais ne put empêcher que le convoi ne tombât dans les mains des ennemis.

Dans la nuit du 7 au 8 février, Macdonald fait partir de Dormans et de Crézancy la division Molitor, et ordonne au général Exelmans d'aller prendre position à Laferté-sous-Jouarre, à l'embranchement de la route de Montmirail ; le 10 février, Macdonald a fait détruire les ponts de Laferté. Grâces à Molitor et à Exelmans, le duc de Tarente a augmenté de dix mille hommes son faible corps d'armée ; les 6 et 7 mars, Exelmans est à Craone ; il est parti de Fismes avec le général Nansouty et s'est rendu maître de Béry-au-Bac, après avoir culbuté tout sur sa route et enlevé à l'ennemi deux pièces de canon et 200 cavaliers. Le 7 mars, Exelmans se distingue à la ferme d'Heurtebise. Le 13, il a fait évacuer Reims et en a pris possession avec les chevau-légers du comte Krasinski.

Le 17, Napoléon s'est dirigé sur l'Aube, après avoir quitté Reims, et placé sous les ordres du comte Sébastiani les généraux Exelmans, Colbert et Letort. Le surlendemain, Sébastiani a reçu l'ordre de l'Empereur de franchir l'Aube à Plancy et de poursuivre vivement les alliés; ce général passa le deuxième bras de l'Aube au gué de Charny, et déboucha en deux colonnes avec les divisions Exelmans et Colbert. Les cosaques se sauvèrent à Gouan et brûlèrent ce village. La cavalerie française prit position à Bessy. Le lendemain (20 mars) Sébastiani a dû se porter sur Arcis, il avait placé les généraux Exelmans et Colbert à cheval sur la route de Troyes. Pendant ce temps, les Bavarois faisaient une diversion contre Arcis. Vers deux heures, les cosaques se voyant supérieurs en nombre, chargèrent la cavalerie française; ils avaient déjà renversé la division Colbert, qui était en première ligne, et ébranlé celle du général Exelmans, lorsqu'arriva le général Frimont, qui, renforçant notre cavalerie, culbuta l'ennemi et coupa la retraite aux troupes qui se trouvaient sur la rive gauche de l'Aube.

Le 30 mars, la bataille de Paris a lieu..... la capitulation est signée..... Napoléon a abdiqué.

Dans cette dernière et mémorable campagne, Exelmans a continué de montrer non-seulement cette intrépidité héroïque qui avait marqué sa noble carrière, mais il a développé tous les talents d'un tacticien habile et a su joindre à la brillante pratique de son art une étude approfondie de la théorie.

Louis XVIII, honorant les glorieux services du général, le conserva dans ses fonctions, lui garda un commandement supérieur de cavalerie et le nomma chevalier de Saint-Louis (19 juillet 1814). A cette époque, un événement qui fit beaucoup de bruit le priva de ses fonctions. La police se saisit des papiers d'un anglais, lord Oxford, qui se rendait à Naples. Parmi les pièces saisies, se trouvait une lettre du général Exelmans qui félicitait Murat de la conservation de sa couronne. L'ordre fut aussitôt donné d'arrêter Exelmans; celui-ci s'évada de sa maison, n'approuvant pas les mesures illégales que l'on employait contre lui. Le 24 décembre 1814, Exelmans adressa une réclamation à la chambre des députés, dans laquelle il se plaignait de la violation de son domicile et s'engageait à se constituer prisonnier aussitôt qu'il serait légalement cité devant un tribunal compétent.

Dans le courant de janvier, il apprit que le ministre de la guerre venait d'envoyer son procès devant un conseil de guerre séant à Lille. Immédiatement après avoir reçu cette nouvelle, il écrivit à M. le général comte Drouet d'Erlon, président du conseil et lieutenant-général commandant la 16e division militaire, la lettre suivante que nous nous empressons de publier, car la conduite du général, diversement expliquée à cette époque, y est exposée d'une manière toute loyale :

Lille, 14 janvier 1815.

« Monsieur le Comte,

» Les mesures qui furent prises contre moi vers le milieu du mois dernier, m'ayant paru illégales, j'ai cru qu'il m'était permis de m'y soustraire. Toutefois, en sortant des mains de ceux qui s'étaient constitués mes gardiens, je dus prendre et je pris en effet l'engagement de me présenter volontairement aussitôt que le tribunal formé pour prononcer sur ma conduite serait connu.

» L'accomplissement de cette obligation, que la nécessité de défendre mon honneur m'avait prescrite, ne m'inspirait alors aucune crainte, parce que j'étais convaincu qu'on ne pouvait m'imputer justement aucun fait criminel, et que j'étais trop assuré de la pureté de mes intentions dans tout ce que j'ai dit ou écrit, pour en craindre les suites sous un prince dont j'admirai toujours la justice.

» Connaissant aujourd'hui les membres du conseil qui doivent prononcer sur ma conduite, et plein de confiance en leur justice et dans leurs lumières, je viens vous déclarer, Monsieur le comte, que je suis prêt à me présenter devant eux, et que je leur confie, avec la plus grande sécurité, mon honneur et ma personne.

» Veuillez agréer, etc.

» *Le lieutenant-général comte* Exelmans. »

Après la remise de cette lettre, le général Exelmans se constitua prisonnier dans la citadelle de la ville, et le 23 janvier 1815, le conseil de guerre l'acquittait à l'unanimité. Le général Exelmans, alla immédiatement déposer aux pieds du souverain légitime l'hommage de sa fidélité. Sa Majesté l'accueillit très-bien, et Exelmans ne reprit aucun service jusqu'au retour de l'île d'Elbe.

A cette époque, il ne vit pas seulement l'homme au pouvoir; il considéra la France envahie de nouveau, il vit la patrie en danger et offrit ses services à Napoléon. Le 4 juin 1815, l'Empereur le nommait pair de France. Mais son véritable poste, à lui, n'était pas à l'assemblée, son bras et son épée ne devaient pas rester inactifs dans une telle occurrence; il demanda et obtint le commandement d'un corps de cavalerie. L'armée destinée à faire cette campagne se composait de cinq corps principaux, de quatre corps de cavalerie aux ordres des généraux Kellermann, Pajol, Exelmans et Milhaud. Le 12 juin 1815, on partit de Paris. Le général Exelmans commandait le second corps de cavalerie, composé des divisions Strolz et Chastel : en tout deux mille six cents hommes.

Le général Letort, major des dragons de la garde, venait d'être blessé mortellement; le général Exelmans ayant passé la Sambre au Chatelet et à Charleroi, arriva au même instant sur la gauche de l'ennemi qui, appuyé à un bois, soutenu par son artillerie, défendait opiniâtrement sa position. Nos dragons formaient tête de colonne; ils culbutèrent la cavalerie prussienne, s'emparèrent de sa position et lui firent un grand nombre de prisonniers.

Le 16 juin, à la pointe du jour, Exelmans se mit en mouvement; il occupait la droite portée sur Sombref.

Le 17 au matin, Exelmans est détaché sur les Prussiens; cinquante-six mille combattants français sont réunis sur le champ de bataille.

Notre brave Meusien, le soir de ce même jour, suivait les Prussiens pas à pas, malgré le mauvais temps, et bien qu'il fût sans un seul peloton de cavalerie légère, il fit dire au maréchal de Grouchy que les Prussiens se retiraient sur Wavres pour se rapprocher de l'armée anglaise. Le lendemain, de bonne heure, Exelmans envoya au même maréchal le chef d'escadron d'Estourmel pour lui dire encore que l'armée prussienne avait continué son passage à Wavres, pendant une partie de la nuit et de la matinée, pour se rapprocher des Anglais. Ces informations décidèrent le maréchal à se porter sur Wavres. Le canon grondait à Waterloo ; le général Exelmans avec son corps de dragons s'avança par la rive droite. Il voulait passer la rivière et porta sa brigade de gauche vers Moustiers. Les bords de la Dyle sont couverts en cet endroit de broussailles très-épaisses. Exelmans aurait eu besoin de quelques détachements d'infanterie pour soutenir son mouvement. Il les fit demander au maréchal et attendit leur arrivée. Le maréchal lui fit répondre qu'il allait lui donner des ordres. A quelques minutes de là, Exelmans apercevait sa brigade qui se repliait ; étonné de ce brusque mouvement, il courut au général qui la commandait. Ce dernier lui dit que Grouchy lui en avait donné l'ordre. Exelmans se récria contre ce mouvement étrange qui, réunissant les troupes de toutes armes sur une seule ligne, les éloignait du point où le canon grondait. Encore quelques minutes de plus, et les dragons Exelmans rejoignaient les hussards du colonel Marbot. Hélas! la journée fut horrible, incompréhensible. « *Y a-t-il eu trahison? n'y a-t-il eu que malheur?* »

Après la bataille de Waterloo, l'armée française se retira sous les murs de Paris ; le maréchal Davoust en prit le commandement. L'armée anglo-prussienne, profitant de ses succès, avait laissé derrière elle nos places fortes et s'avançait jusque sur la rive droite de la Seine ; plusieurs engagements eurent lieu aux avant-postes. Les Prussiens quittèrent bientôt la rive droite, et leur cavalerie s'avança jusqu'à Versailles. Ils commirent d'énormes fautes ; mais le général Exelmans fut le seul qui tenta d'en faire repentir les Prussiens. Placé sur la rive gauche, Exelmans occupe Montrouge ; le 1er juillet, il ordonne au général Piré de se porter avec deux régiments sur Roquencourt, entre Marly et Versailles, afin de couper la retraite de l'ennemi sur Saint-Germain. De sa personne et avec le reste de son corps de cavalerie, il marche droit sur Versailles.

Bientôt il rencontre une colonne de cavalerie ennemie qui s'avance en criant : Paris, Paris ! Il tombe sur les Prussiens, et la mêlée est si vive que les Prussiens, harcelés de tous côtés, traversent Versailles au galop et continuent leur fuite jusqu'auprès de Roquencourt. Mais là se trouvent Piré et ses deux régiments. Sur les 1,500 ennemis, 1,200 furent blessés, tués ou prisonniers. Les autres, échappant avec peine à nos soldats et aux paysans des environs, retournèrent près du général Blücher et lui apprirent le danger qu'ils venaient de courir. Si le mouvement d'Exelmans eût été combiné avec celui des autres corps agissant sur les deux rives de la Seine, l'armée ennemie était détruite.

De Roquencourt, Exelmans continua son mouvement

sur Saint-Germain ; mais, dans ce pays boisé, et par conséquent peu propre aux évolutions de la cavalerie, il ne put se soutenir contre le gros de l'armée prussienne. La capitulation de Paris, signée peu de jours après cet événement, vint enchaîner la valeur de nos troupes. Le général Exelmans établit son quartier-général à Clermont-Ferrand et envoya sa soumission au roi Louis XVIII, qui venait de rentrer à Paris ; pendant le temps qu'il resta à la tête de sa division, il entretint la plus sévère discipline ; les habitants du pays s'empressèrent de rendre justice aux valeureux chefs et soldats de ce corps et firent les plus grands éloges de leur conduite. Exelmans fut compris dans la seconde catégorie de l'ordonnance du 24 juillet 1815, et banni d'une patrie qu'il avait toujours servie et défendue avec probité, honneur et grande bravoure. Mais cet exil ne devait pas durer de longues années. Réfugié d'abord à Bruxelles, il y fut en butte à des persécutions odieuses de la part de la police belge ; il se rendit alors à Liège, la ville hospitalière, mais de nouvelles persécutions le forcèrent à partir et à se rendre en Allemagne. Il erra de contrée en contrée et fut poursuivi maintes fois par la haine des Prussiens qui ne pouvaient lui pardonner sa sublime et héroïque charge de 1815. Enfin les mesures prises contre les trente-huit exilés de France, sans jugements, furent adoucies ; il était alors dans le pays du grand-duc de Nassau. Il rentra en France et vint à Paris vers 1819. Le 1er septembre de cette même année, Exelmans fut rétabli dans le cadre de l'état-major général ; le 7 mai 1828, promu inspecteur-général de cavalerie ; enfin, le 8 août 1830, il fut mis en disponibilité. Exelmans avait alors cinquante-cinq ans.

La révolution de février 1848 le trouva commandant la garde nationale de Bayonne. Le 15 août 1849, le poste de grand-chancelier de la Légion d'honneur était vacant par suite du décès de M. le maréchal Molitor; on pensa au brave Exelmans, qui était porté le troisième sur la liste des généraux de division. Il se rendit à son poste dans le courant du même mois d'août, et, depuis cette époque, il ne cessa de rechercher, avec le plus de loyauté possible, les titres de ses anciens compagnons d'armes à la décoration de la Légion d'honneur.

Le 10 mars 1851, après avoir fait toutes les campagnes de la Révolution et de l'Empire, après avoir commandé en chef un corps de cavalerie composé de deux divisions, dans la mémorable époque de 1815, couvert de blessures, couronné de succès, honoré de l'estime de tous les partis, Exelmans a été nommé maréchal de France. Il est le quarante-sixième depuis que Napoléon a rétabli le maréchalat, et le second nommé par le Président de la République.

Nous aurions pu nous étendre davantage encore, nous aurions pu trouver d'éclatants faits d'armes pour composer un volume, mais le cadre restreint d'une Notice ne nous a pas permis de relater toutes les actions héroïques du maréchal meusien.

Le département de la Meuse est fier à bon droit de toutes ses illustrations; il doit être heureux de compter parmi elles trois maréchaux : Oudinot, Gérard, Exelmans!

Une carrière aussi noblement remplie se termina bien

malheureusement, le 21 juillet 1852. Vers neuf heures du soir, le maréchal accompagné de son fils, Maurice Exelmans, capitaine de frégate, se rendait à cheval chez la princesse Mathilde, qui habitait le pavillon de Breteuil, près de Saint-Cloud. Le vent était très-violent, et soulevait avec force la poussière de la route, lorsqu'une voiture atteignit le cheval du maréchal, le renversa, et son illustre cavalier eut la tête fracassée contre les dalles du trottoir.

Le maréchal Exelmans fut immédiatement transporté dans une maison voisine; une abondante saignée fut pratiquée au bras, on fit une application de sangsues, tout fut impuissant; le maréchal rendit le dernier soupir à trois heures du matin, dans les bras de son fils qui ne l'avait pas quitté un seul instant.

Le 27 juillet, une cérémonie triste et imposante réunissait dans l'église de l'hôtel des Invalides, la plupart des illustrations militaires, civiles et religieuses.

Le maréchal Exelmans était un de ces brillants officiers de cavalerie qui ont fait école. Il appartenait à cette génération héroïque que la révolution vit surgir, au cri d'alarme poussé par la patrie en danger.

M. le colonel Michel, ancien aide-de-camp du général Friant et du maréchal Davoust, dans un article inséré au Moniteur universel, rapporte le trait suivant qui prouve à quel point le brave Exelmans poussait le désintéressement.

« C'était le 3 juillet 1815, après la brillante expédition de Versailles, que le général Exelmans avait rejoint l'armée dans la plaine de Montrouge; ce même jour, j'avais été chargé par le maréchal prince d'Eckmuhl (dont j'étais aide-de-camp), de transmettre ses ordres aux généraux commandant les divers corps de notre armée; à peine étais-je arrêté près du général Exelmans, qu'un influent personnage, dont je tairai le nom, descendant d'une brillante calèche se présenta à lui et lui adressa la parole en ces termes : « Mon général, je suis chargé par Monseigneur le duc d'Otrante de vous présenter ses félicitations sur vos récents exploits, et de vous remettre, en vous priant de les accepter, les quarante mille francs que voici. — Qu'est-ce que cela signifie, Monsieur? demanda Exelmans.—Mon général, répondit l'interlocuteur, dans les conventions passées entre le gouvernement provisoire et les chefs des alliés (lesquelles doivent être signées ce soir), il est un article stipulant que l'armée française doit se retirer outre Loire, et Monseigneur a pensé que dans les circonstances qui peuvent naître de ce mouvement, vous pourriez avoir besoin d'argent. »

A cette explication, le général répliqua : de deux choses l'une, ou ces quarante mille francs appartiennent à l'Etat, ou ils proviennent de la bourse de M. le duc d'Otrante; dans le premier cas, il faut qu'ils rentrent dans les caisses du gouvernement, et dans le second cas, veuillez dire à celui qui vous envoie que je n'ai rien à accepter de personne, assurez-le bien, surtout, que je ne suis pas de ces hommes qui vendent leur pays!

A cette époque, Exelmans ne possédait pas vingt-cinq napoléons d'or.

Le maréchal Exelmans avait deux fils : l'un, attaché d'ambassade, est mort; l'autre est aujourd'hui capitaine de frégate, aide-de-camp de S. M. I. Napoléon III.

www.ingramcontent.com/pod-product-compliance
Lightning Source LLC
LaVergne TN
LVHW052032160826
845678LV00003B/1291

* 9 7 8 2 3 2 9 6 3 2 7 4 2 *